ख़तो किताबत यूं भी

लफ्ज़ों में कैद लम्हे

Jaspal

BookLeaf Publishing
India | USA | UK

Made with ❤ on the BookLeaf Publishing Platform
www.bookleafpub.in
www.bookleafpub.com

Dedication

जीवन सिंह कौमी के नाम.....

(जिसे जीवन भर साथ निभाने का मौका न मिला ।)

Preface

परिचय

उन उमरदराज जोड़ों के नाम जो अपने जोड़ीदार खो चुके हैं । हरदम आँखें नम लिए नहीं घूमते पर दिल मे एक कमी छुपाये जीते हैं ।शब्द मेरे हैं पर अकेलापन- अपने प्यारों के साथ होने पर भी जो उदासी यकायक छा जाए,या फिर कभी यू ही हँसते हँसते आँखों से नमी छलक उठे.......... ।

वो सब इन लफ्जों को महसूस कर सकेंगे।सत्तर के दशक में पाँव रख चुके उन अकेलों की जुबान है ये खतो- किताबत ।

un

Acknowledgements

समर्पित मेरे तीन तिलंगों को..
बड़े प्यारे -बड़े मासूम और भोले हैं..(मेरी नज़र में)।
वो अब सच में बड़े हो गए हैं।
इतने बड़े कि मैं उन्हें अब बच्ची लगने लगी हूं।
कल तक मैं सोचती थी कि
मेरे बच्चे बड़े मासूम हैं,
दुनिया उन्हें लूट सकती है,
दुनिया कपटी, मेरे बच्चे छलरहित।
संभाल के रखती थी उन्हें।
और आज वे मुझे सहेजते हैं।
मेरे मन के उतार चढ़ाव
अपनी भोली आंखों से परखते हैं।
मेरे अकेलेपन को समझते हैं, मुझे सहेजते हैं।
वो भूल जाते हैं कि मैं आज भी मां हूं
और वो मेरे बच्चे।
हां आज मैं गर्व से भर उठती हूं उनकी इस बात पर।
मेरे इन्हीं तिलंगों और इनके तिलंगो, जिन्होंने मुझे प्रेरित किया
का हार्दिक धन्यवाद।

1. बात

कौन कहता है कि बात खो जाती है?
जब कही गई ,
तब भले ही समझ ना आई हो
पर जब समझ की कूवत आ जाए-
तब तो अनकही बातें भी समझ आ जाती हैं।

2. और इब्तदा यूं हुई थी

दूधिया चाँदनी में डूबी पहाड़ की चोटी से ---
मैंने लाल उगता सूरज देखा ,
सूरज की लाली में -
वादी के फूल और हरी पगडंडियाँ ,मुझे बाहें फैलाकर बुलाने लगीं ।
मैं भी उस नर्म हरी घास पर दौडने का मोह न त्याग सकी
पर--
चोटी से वादी तक आते आते मेरे पाँव लहूलुहान हो गए ।
हर कदम पर चमकती घास, कांच बन चुभती रही ।
और मैं -
इस आशा में कि अगला कदम नरम हरी घास पर होगा -
दौड़ती रही,दौड़ती रही।

अचानक नीचे वादी में मुझे तुम मिले ,
मेरे पावों के बहते लहू पर तुम्हारी नजर थी ।
तुमने मुझे नहीं मेरे जख्मों को देखा,
उन्हे सहलाया और अपने जादुई स्पर्श से -
उन्हे एकदम ठीक कर दिया।
मैंने तुम्हें चाँद कहा,
सूरज कैसे कहती?
सूरज ने तो जख्म बक्शे थे ना -
तुम मेरे जख्म ठीक कर अपने रास्ते चले गए।
और अब मैं रोज अपने लाल पाँव लिए हर सुबह वादी में आती हूं--
कि शायद
उस पहली बार की तरह तुम फिर आकर मेरे जख्म पोंछ दो।

पर अब तक
हर सूरज मेरी रात बना जाता है।
कहाँ हो तुम ?कब आओगे?
आओगे ना ।

,

3. ख्याल एक..

आज फिर पूछा खुद से
तुम्हारे सिवा तुम्हारा ख्याल
क्या कोई और कर सकता है?

--------------------- --------------------- -------------

कभी देखी है नदी किनारे दरख़्तों में लगी आग ?
दिन भर का थका मांदा सूरज,
जब पानी में नहाने उतरता है,
फुनगी की चंद पत्तियों को छोड़कर
स।रा दरख़्त लाल आग से दहकने लगता है।
और पानी चुपचाप
उनका सुलगना देखता
उनकी तपन ले आगे बढ़ जाता है।

--- ------- ---------- ------------ ------- ---- ---

4. तुम्हारे लफ्ज़ों में फेरबदल

तुमने कहा था
ये नाम दुनिया के, छोटा कर देते हैं संबंधों को
इस लिए दुनिया में न गिनना,दिल से चाहा है जिनको ।
हाथ पकड कर नहीं बताना चाहता कि मैं तुम्हारे साथ हूँ ,
बात तो तब बने जब दिल से महसूस करो
कि तुम किसके साथ हो ।
आज जब तुम साथ नहीं हो तब मेरा रोम रोम तुम्हें महसूस करता है ।

------------------------------- ----------------------------------
----

सन 70,कॉलेज के दिन,साहित्य का साथ सोलहवे साल की सोच

हर बात में रोक हर बात में टोक ,
क्या मैं नजरबंद हूं ,उन्मुक्तता के इस आवरण में?
क्या ये सारी दी गई आजादी ,मेरे बंधन की कड़ियाँ हैं ?
मेरे पावों में बंधी ये पायल है या लोहे की बेड़ी?
उलझनें ,बंधन,कसमसाहट
क्या मात्र इतना ही मेरा अस्तित्व है?

5. शेष- अशेष

कोरा कागज देखते ही-
हाथ मचले --
कि कुछ लिखूँ,
पर जब तक सोचूँ
सारा कागज भर चुका था।
मेरे विचार मेरे भाव
मेरे अंतस की भँवरों में ही
दम तोड़ चुके थे।
शेष अशेष कुछ न बचा
न ही कागज
न ही विचार।

6. गुलाब

याद रखना कैसे कहूँ
क्योंकि मुझे पता है,
जीवन के किसी मोड़ पर,
तपती दुपहरी ढलती साँझ,
मैं तुम्हें यू ही मिल जाऊँगी
जैसे बरसों पड़ी बंद किताब से,
अचानक कोई सूखा गुलाब मिल जाए.

7. यादें ननिहाल की

कितने दिनों बाद आज फिर मिली मुझे साँझ ,
वही खुली खुली सी अदा
और धीरे धीरे उतरती हुई

पहले भी ऐसे ही मिलती थी मुझे
मेरे बचपन में ।
वो नानी का खपरैलों वाला घर,
आँगन में झूमता पीपल
और पीपल पर बसता वो मोर ।
आज साँझ मुझे फिर ननिहाल ले गई
जहां चुपके चुपके उतरता था अंधेरा
हौले हौले स्याह होते पीपल के पत्ते ।
धीरे धीरे खपरैलों से उतर ,आँगन मे पसार जाता अंधेरा.।
ढिबरी की लौ तेज होती,
रसोई में चूल्हे के पास बैठाकर
मामी खिलाती थी खाना ।
आँगन मे चारपाई पर लेट नाना सुनाते कहानियाँ ।
पता ही न चलता कब खामोशी से ,
शाम रात में बदल जाती ।
और मैं ..
कहानियाँ सुनती सुनती सो जाती ।

आज फिर मिली मुझसे साँझ
यादों की तंग गलियों मे ले जाती
हौले से कहती..
भले ही सब बदले पर कहाँ बदली मैं ?

8. बन्द दरवाजे

ईश्वर देता है अपरिमित हाथों से,
बह जाता है व्यर्थ
क्योंकि झोलियों के मुंह हम खोलते नहीं।
बांधे रखते हैं मुट्ठियां, आंखें बंद
कानों में भरा रहता है शोर--
इच्छाओं का, वासनाओं का।
और फिर हर बार
हम घबराकर कहते हैं -
न जाने कहां रहता है खुदा?
सुनता ही नहीं।
समझता ही नहीं मेरी मुश्किल।
कभी इंसान होता तो जानता
दर्द होता क्या है,कितना होता है।
पर
कब
हम देखते हैं, अपने बन्द दरवाजे?
अपना खोया मन।
खोलते दरवाजे तो दिखता
वो तो वहीं था इन्तजार में,
वहीं है इंतजार में ---
लो, तुम्हारे लिए ही तो लाया था-
फिर लिया क्यों नहीं?
कब तक यूं ही खड़ा रहूं बाहर-
ले लो,   और चाहिए?

अपनी हथेलियों में हमारे आंसू समेटने को तत्पर
खड़ा है वो
पिता बनके-मां बनके,अनेक रुप धर
के
सबसे बड़ा मेरा रब बनके।

9. अन्तर

मैं और मेरा -
कितना अन्तर है दोनों में --
पर कुछ भी तो नहीं।
मैंने जो कहा
मेरा माना गया।
पर
मैंने जो कुछ भी कहा---
क्या वो सब मेरा था?

10. उलझनें

जीवन एक बर्फीला प्रश्नचिन्ह,
ज़िन्दगी तबाह किए जाता है।

---------------+++++------+++++--------

वक्त कितना बेमानी,
और ख्याल कितने पुराने।
पर फिर भी कई बार
कब्रों से लिपटने का सुख,
कितना पुरसुकून होता है।

11. भरम

जब तक मेरी मुट्ठी में तुम थे,
मैंने न जाना कि तुम क्या हो
अचीन्हा सा रहने दिया था।
पर जब मैंने जाना --
कि तुम मुझसे मेरे मैं से अधिक अभिन्न हो,
तुम
मुट्ठी की रेत की मानिंद अदृश्य हो गए,
और मैं बन्द खाली मुट्ठी का,
असह्य बार वहन करती रही।

12. शायद

कई बार चाहा कि,
मन का बोझ, शब्दों के वाहन पर लाद,
दूर बैठे तुम तक भेज दूं।
पर हर बार जब भी ऐसा चाहा,
भ्रमित सी मैं
अपने आंगन के ठूंठ सी
इस आशा में रह गई
कि शायद तुम स्वयं ही
कभी आओ
और अपने दुलार से
मन के पतझड़ का बोझ
अपनी वासंती वाणी से
दूर उतार फेंको।

13. असुर राज

एक दिन
मैं और मेरी दादी बतिया रहे थे -
दादी ने बताया देवता स्वर्ग के राजा हैं
मैंने पूछा फिर असुर?
उसने कहा उनका राज तो नरक पर है
मैंने फिर पूछा -
तो ये स्वर्ग और नरक हैं कहां?
उत्तर, दक्षिण,पूरब या फिर पश्चिम में?
वो हंसी बोली,पगली कहीं की--
वो इस दुनिया में थोड़े ही हैं।
स्वर्ग स्वर्ग में है और नरक नरक में है।
पहेली बड़ी उलझी,
मैंने भी तुक्के लगाए
(ताकि दादी खुश हो जाए)
तो फिर दादी लोग क्यों कहते हैं
स्वर्ग नर्क यहीं है?
अरे पगली वो तो दिल बहलाने की बातें हैं,
यहां तो सिर्फ असुर राज है।
न जाने क्यों मैंने सोचा था
दादी कहेगी--रावण राज।
पर हाय उसने फिर कहा -असुर राज।
मैंने फिर पूछा
वो झल्लाई, तिलमिलाई और बोली
समझती ही नहीं लड़की,

रावण अकेला था,एक जगह का राजा
आज कहां नहीं हैं रावण जैसे राक्षस?
जनता की बोटियां नोच नोच खाते हैं
फिर भी सफेदपोश ये --कितने बड़े नेता कहलाते हैं।
कितनी अच्छी है मेरी दादी
मेरी भोली भाली दादी,,
कितने प्यार,कितनी आसानी से,
सुलझा देती है मेरी हर उलझन
अब मैं समझ गई
क्यों अच्छे लोगों को भगवान
जल्दी स्वर्गवासी बना देता है।

14. किस्से -कहानियां

किस्से -कहानियां किताबों में मिलते हैं और लोग ज़िन्दगी में -
ज़िन्दगी भी खुली किताब है।
लोगों से मिलना जुलना
यानी
अहसासों, नज़रियों और नतीजों का मिलना।
सभी किस्से -कहानियां बन जाता है।
फिर भला क्यों कहते हैं लोग-
किस्से -कहानियां किताबों में मिलते हैं?
ये सब तो जिंदगी की किताब से जन्म लेते हैं,
और ज़िन्दगी में ही सच होते हैं।
सरल सा समीकरण.......
उलझ गए?
हिसाब -किताब समझ नहीं आ रहा?
जीवन हिसाब किताब है ही कहां?
ये तो अंदाज़ है,सलीका है,
हुनर है।

15. मैं?

कभी लगता है
अकेली हूं एकदम अकेली,
बावजूद इस अपनों की भीड़ के।
चारों ओर फैली इस तथाकथित दुनिया के।
कभी लगता है
मैं धरती की तरह,
चारों ओर फैली हूं
हर दुःखी अपने आंसू मुझमें समोता है,
और कभी लगता है
मैं अकेली भीड़ भी हूं
और फैली भी।
रात की कालिमा,दिन के उजाले की तरह।

16. बुद्धावतार

चारों ओर फैली हरियाली,
झूमते नव पल्लवों से सजे वृक्षों में
पत्र विहीन वह तरु अपनी ही आभा में
खोया सा दीखता है मुझे।
जहां अन्य तरु डालियां
नव किसलय आंचल से सजी
हवा में इठलाती हैं
वहीं
इसकी नंगी डालियां
दान दें रिक्त हुए हाथों सी,
काली भले लगें,पर फिर भी
अपने में परम संतुष्ट
आसपास से निर्लिप्त
अपने अस्तित्व की पूर्णता के एहसास से
गरिमा मंडित बुद्ध सी लगती हैं।

17. त्रासदी आज के युग की

देखे थे जिस दिन अपने नीड़ में,
नन्हे गोल सफेद अण्डे -
आशाएं डाल डाल से फूटी थीं।
और जब उन अंडों से
नन्ही चोंचों ने ममता की मांग की थी।
वो दिन स्वर्ग का झूला था।
हर दिन उन चोंचों में चुग्गा डाल
जो संतोष पाया वो भी निराला था।
फिर एक इच्छा की थी -
उन नन्हे परों की असीम उड़ान की
पंखों ने उड़ान भरी जब,
फिर वे ना लौटे तब।
आंखों के इन्तज़ार खत्म हो गए
एक दिन
थके-हारे बूढ़े पंखों ने
अपने नन्हे परों की उड़ान वाले घोंसलों में
फिर देखे-सफेद गोल अण्डे ------
नीड़ का तिनका तिनका फिर से जगमगा उठा
पर इस बार आशाएं फलीभूत ना हुईं।
क्योंकि इस बार न तो नीड़ अपना था
और ना ही अब इस के निवासियों को किसी का आना पसंद था।

18. कृतज्ञता ज्ञापन परम सत्ता के प्रति

हर बार मुझसे मुझे मिलवाते हो तुम
हर बार तेज रफ्तारी में छोड़ देती हूं जिसे पीछे,
उस छूटे पर से,समय बाद मिलवाते हो तुम।
ये यहां होना कितनी खुशी देता है -
जान कर,भोगकर भी --
भूल जाती हूं मैं।
इतने सालों की तेज रफ्तारी;
बेहोशी में जीने और पाने की उदास लालसा
मुझे हर बार दौड़ाती है।
दौड़ती हूं,थकती हूं और जब,
खुद को जानने की कोशिश करती हूं -
ढूंढ नहीं पाती।
और तभी न जाने कैसे समझ जाते हो तुम,
ख़ामोश उत्तर भेज देते हो मेरे पास।
कहीं किसी का कहा,भोगा, लिखा,
और मेरा उत्तर मुझे मिल जाता है।
धन्यवाद।

19. समझना

कैसा लगता है?
जब
उम्र भर खुद कमा कर,
ख़र्च किया हो-वक्त और पैसा।
अब
दूसरों से आसरे और उनकी फुर्सत को देखना पड़े।जब
अपना सब कुछ न्यौछावर कर हाथ खाली हो जाएं,
तब
अपने लिए अपनों से कह न पाना
बस ख्वाहिश करना कि वे खुद समझ जाएं।
कैसा लगता है???

20. प्यार -विराट अर्थ, विराट गलतफहमियां

रूई के नन्हे फाहे-
आसमानों से धरती की गोद में,
हौले -हौले गिरते हैं ---प्यार है
बस होना और उसमें ही जाहिर होना।
खूबसूरती इस होने और खोने में है।
चढ़ते ढलते सूरज की लालिमा का विस्तार
प्यार का रंग है।
फैला -रौशन-खुशगवार-हिप्नोटिक।
मकसद उसका भी कुछ पाना नहीं
बस ऐसे बिखर जाना है कि पाना हो जाए।
बारिश की बूंदें -
गिरते बरसते बादल
बिजली का चमक कर अस्तित्व विहीन हो जाना,
सागर का किनारे पर आकर बिखर जाना,पसर जाना -
और किसी का अच्छा लगना,
इतना कि अपनी सुध ना रहे
बस सागर सा, बूंदों सा हो जाना।
प्यार है।
एक भाव जो खुद में पूरा है।
जब कुछ लेना देना ना हो
बस होना हो,
वह पल ही प्यार है।

21. घास

कुछ लोग घास की मानिंद होते हैं -
हर मौसम,हर मिट्टी में पनप जाते हैं,
बचा लेते हैं अपना वजूद।
चाहे जितना भी पांवों तले रौंदो,
हवाएं लाख सरगोशियां करें
वो झुक जाते हैं,लहराते हैं तूफानों के संग।
और जब बीत जाते हैं सर्द मौसम,
वो फिर हरियाली मुस्कान मुस्कुराते हैं।
रंग भर देते हैं वीरान बदरंग जमीन में,
उनका वजूद बहुत बड़ा नहीं, बहुत मजबूत होता है।

www.ingramcontent.com/pod-product-compliance
Lightning Source LLC
LaVergne TN
LVHW022032200926
848481LV00007B/2660
9798900816739